MIDIENDO

EN LA EXPOSICIÓN DE PERROS

Please visit our web site at: www.garethstevens.com
For a free color catalog describing our list of high-quality books,
call 1-800-542-2595 (USA) or 1-800-387-3178 (Canada).

Library of Congress Cataloging-in-Publication Data available upon request from publisher.

ISBN-13: 978-0-8368-8492-0 (lib. bdg.)
ISBN-10: 0-8368-8492-2 (lib. bdg.)
ISBN-13: 978-0-8368-8501-9 (softcover)
ISBN-10: 0-8368-8501-5 (softcover)

This edition first published in 2008 by
Weekly Reader® Books
An imprint of Gareth Stevens Publishing
1 Reader's Digest Road
Pleasantville, NY 10570-7000 USA

Managing editor: Dorothy L. Gibbs
Art direction: Tammy West
Illustrations: Lorin Walter

Spanish edition produced by A+ Media, Inc.
Editorial director: Julio Abreu
Chief translator: Luis Albores
Associate editor: Carolyn Schildgen
Graphic design: Faith Weeks

Printed in the United States of America

1 2 3 4 5 6 7 8 9 11 10 09 08 07

MIDIENDO
EN LA EXPOSICIÓN DE PERROS

por Amy Rauen

Ilustraciones de Lorin Walter

Consultora de lectura: Susan Nations, M.Ed.,
autora/tutora de alfabetización/consultora de desarrollo de la lectura

Consultora de matemáticas: Rhea Stewart, M.A.,
asesora en contenido matemático

WEEKLY READER®
PUBLISHING

Exposición
de perros

Hoy hay una exposición de perros.
Iré con mamá. Mamá sabe que adoro
los perros.

Hay muchos perros aquí. Algunos son
más largos que otros. Algunos son más
cortos que otros.

Quiero encontrar el perro más largo de la exposición. Vemos algunos perros largos. Mamá me ayudará a medirlos.

Necesitamos usar algo para medir los perros. ¿Podemos usar nuestras manos?

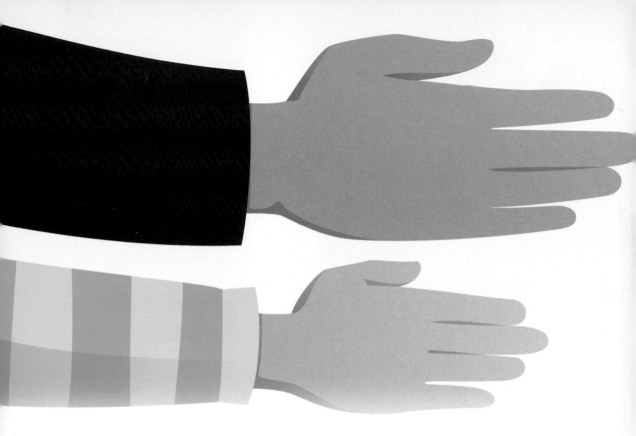

Mamá dice que nuestras manos no
tienen la misma longitud. Las suyas son
más largas que las mías. Necesitamos
medir con objetos de la misma longitud.

8

Vemos latas de alimento para perros.
Cada lata es del mismo tamaño. Mamá
pregunta si podemos usarlas. Mediremos los
perros con latas. Las colocaremos en línea.

9

Medimos los perros de la nariz a la cola. Mira, el perro blanco mide 9 latas de largo. El café mide 10 latas de largo. El perro café es más largo que el blanco.

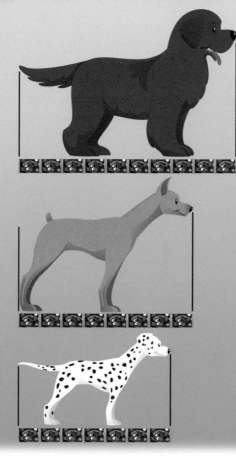

Mamá y yo medimos dos perros más.
El canela mide 8 latas de largo. El perro de
manchas negras mide 7 latas. El perro café
es más largo que cada uno de estos perros.

Mamá y yo medimos muchos perros. El
perro café sigue siendo el más largo. Nos
quedan dos perros. Uno tiene pelaje blanco
y largo. El otro perro es gris.

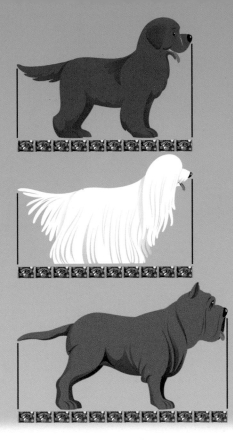

El perro blanco mide 10 latas de largo.
Mide lo mismo que el café. El gris mide
12 latas de largo. Es más largo que el café.
¡El perro gris es el perro más largo de la
exposición de perros!

Quiero encontrar el perro más corto
de la exposición. Vemos algunos perros
pequeños. Mamá me ayudará a medirlos.

Necesitamos algo para medir los perros pequeños. Vemos algunos peines para perro. Mamá pregunta si podemos usarlos para medir los perros.

Vemos tres perros. Mamá y yo
colocamos los peines de punta a punta.
Medimos cada perro de la nariz a la cola.

El perro blanco mide 5 peines de largo.
El negro mide 6. El gris mide 4. El perro gris
es el más corto que hemos encontrado.

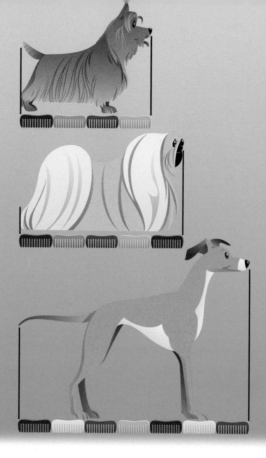

Mamá y yo medimos dos perros más.
El de pelo largo mide 5 peines de largo.
El de pelo corto mide 7. El perro gris sigue
siendo el más corto.

Mamá y yo medimos más perros.

El gris es el más corto hasta ahora.

Nos quedan cuatro perros por medir.

El perro café es de 6 peines de largo.
El gris sigue siendo el más corto.

El perro negro es de 4 peines de largo.
Tiene la misma longitud que el perro gris.

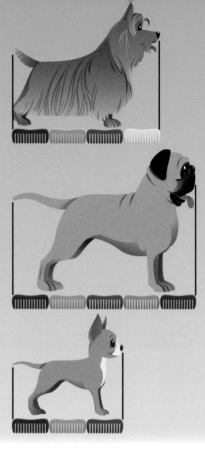

El perro con orejas negras es de 5 peines
de largo. El gris es más corto. El perro
canela es de sólo 3 peines de largo. Es más
corto que el gris.

El perro canela es el más corto de la exposición. El perro gris es el más largo. Mamá y yo encontramos el más largo y el más corto.

Glosario

exposición de perros – evento para comparar perros

lata – recipiente que contiene alimento u otros objetos

peine – herramienta para arreglar pelo o pelaje

pelaje – la capa suave y peluda de un animal

Nota acerca de la autora

Amy Rauen es la autora de 13 libros de matemáticas para niños. También diseña y escribe software educativo. Amy vive en San Diego, California con su esposo y dos gatos.